Meine bunte Kinderbibel

nacherzählt von
Mary Hoffman

illustriert von
Julie Downing

DK | Penguin Random House

Für Anna-Louise und William

Projektbetreuung Lee Simmons
Gestaltung Sheilagh Noble
DTP-Design Almudena Díaz
Herstellung Josie Alabaster
Cheflektorat Jane Yorke
Chefbildlektorat Chris Scollen
Zusätzliche Gestaltung Jo Malivoire
Umschlaggestaltung Linda Cole,
Mark Haygarth
Fachliche Beratung Terence Handley
McMath, Donald Kraus, Jenny Nemko

Für die deutsche Ausgabe:
Programmleitung Monika Schlitzer
Herstellungsleitung Dorothee Whittaker

Titel der englischen Originalausgabe:
A First Bible Story Book

ISBN 978-3-8310-3472-7

Druck und Bindung Leo Paper Products, China

Besuchen Sie uns im Internet
www.dorlingkindersley.de

Inhalt

4
Einführung

Einführung in die Bibel

Die Bibel ist eine Sammlung der besten Geschichten, die jemals erzählt wurden. Sie sind schon seit Jahrhunderten vielen Lesern bekannt. Die Geschichten handeln von sehr beeindruckenden Menschen und spannenden Ereignissen. Ich habe versucht, sie so zu erzählen, dass auch kleinere Kinder sie leicht verstehen. Aber die Bibel unterscheidet sich von anderen Geschichtensammlungen. Nicht alle Erzählungen haben ein gutes Ende, manche sind traurig oder machen sogar Angst. Sie sollten die Geschichten daher zuerst für sich alleine lesen, bevor Sie sie laut vorlesen, um besser auf mögliche Fragen vorbereitet zu sein.

Das Alte Testament

Im Alten Testament gibt es viele Helden wie Noach, Abraham, Mose und Daniel. Sie alle hatten eine ganz besondere Beziehung zu Gott. Manche, wie etwa Jona, waren keineswegs schon immer Helden gewesen und mussten mit einigem Nachdruck dazu überredet werden.

Die Geschichten sind voll mit lebendigen Bildern – wie dem wunderbaren Garten Eden, den Tieren, die die Arche bestiegen oder Josefs Mantel in den Farben des Regenbogens. Einige Bilder sind aber auch sehr intensiv und wirken beunruhigend. Dazu gehört, wie Adam und Eva aus dem Paradies vertrieben wurden, wie Isaak beinahe von seinem Vater geopfert wurde und wie die Löwen die Feinde Daniels auffraßen. Aber sie sind ebenso ein Bestandteil der Bibel wie die anderen, tröstlicheren Bilder, die für die Schöpfung, die Reue und die Erlösung stehen.

Das Neue Testament

Die Bilder des Neuen Testaments sind den meisten Menschen aus Weihnachtskarten und Weihnachtsliedern sowie vom christlichen Symbol des Kreuzes her bekannt. Aber auch die Geschichten selbst hinterlassen einen tiefen Eindruck. Ein ganz gewöhnliches jüdisches Paar erlebt, wie sein ganzes Leben von einem Engel auf den Kopf gestellt wird, der ihnen erklärt, dass ihr Kind der Sohn Gottes sein werde. Schon als Säugling wird Jesus von

bedeutenden Männern besucht, die ihm wertvolle Geschenke mitbringen, und ein mächtiger König trachtet ihm nach dem Leben. Als Junge versetzt er seine Umgebung in Erstaunen, weil er so klug und begabt ist. Als Erwachsener schließlich ist Jesus ein außerordentlich guter Lehrer und er vollbringt erstaunliche Wunder, indem er beispielsweise 5000 Menschen mit nur fünf Laib Brot und zwei Fischen satt macht.

Das Versprechen, das im Neuen Testament mit dem ersten Weihnachtsfest gegeben wird, erfüllt sich im Schmerz der Kreuzigung und in der Hoffnung auf die Wiederauferstehung. Die Ostergeschichte ist für kleine Kinder bestimmt nicht einfach zu verstehen. Aber wir verdanken ihr die Wahrheit darüber, was mit dem Mann geschah, der Liebe, Frieden und Vergebung predigte. Auf die tiefe Trauer über Jesu Tod am Karfreitag folgt schnell die Freude darüber, dass er am ersten Ostersonntag von den Toten auferstanden ist. Dieses Ereignis steht im Zentrum des christlichen Glaubens.

Die Bibel beginnt mit der Schöpfung und die vorliegenden Bibelgeschichten enden mit der Auferstehung. Beide Bilder stellen mächtige Symbole für einen Neuanfang dar. Beim Schreiben von *Meine bunte Kinderbibel* habe ich versucht, die intensive Spannung der bekannten Geschichten unter den Aspekten der Hoffnung und Versöhnung darzustellen und zu vermitteln.

Mary M. Hoffman

Das Alte

Testament

Gott erschafft die Welt

Ganz am Anfang gab es nur Leere, Dunkelheit und viel Wasser. Dann sprach Gott das Wort, und die ganze Welt wurde von Licht erfüllt. Er hatte den ersten Tag gemacht, aber er sah, dass auch

die Dunkelheit gut war. Deshalb behielt er sie und nannte sie Nacht.

Am zweiten Tag teilte Gott das Wasser. Er behielt einen Teil davon und machte daraus die Meere. Darüber spannte er den Himmel.

Am dritten Tag kamen die Meere an ihren Platz und das Land dazwischen trocknete. Er befahl der Erde, dass auf ihr Bäume, Gräser und Pflanzen wachsen sollten.

Am vierten Tag machte er zwei große Lichter, die am Himmel schienen – die Sonne am Tag ...

... und den Mond in der Nacht, und dazu die vielen Sterne, die ihnen Gesellschaft leisteten.

Am fünften Tag schuf Gott alle Geschöpfe, die im Wasser leben – Fische, Wale, Delfine und Tintenfische ...

... und dann schuf er alle Vögel, die in der Luft fliegen, vom großen Adler bis zum winzigen Zaunkönig.

Aber am sechsten Tag hatte er am meisten zu tun. Gott schuf alle Tiere, die auf der Erde leben, nicht nur die großen, wie die Büffel und die Elefanten und die Tiger, auch alle anderen, bis hin zum winzig

Am Ende beschloss er, auch Menschen zu erschaffen, die ihm ähnlich sein sollten. Er schuf einen Mann und eine Frau, die sich um die Tiere kümmern sollten. Gott sah, dass die Welt gut war, die er erschaffen hatte. Am siebten Tag ruhte er sich aus.

kleinen Käfer, der durch das Gras krabbelt.

Der erste Mann hieß Adam und die erste Frau Eva. Gott schenkte ihnen einen wunderschönen Garten namens Eden. Er sagte Adam und Eva, dass sie von den Früchten und Pflanzen essen und für jedes Geschöpf, das es auf der Welt gab, sorgen sollten.

Zuerst bat Gott Adam und Eva, allen Tieren einen Namen zu geben. Stell dir vor, wie schwierig das sein musste, den richtigen Namen für das Kamel, die Giraffe ...

... oder den Strauß zu finden, wenn man ihn nicht schon kannte!

Gott besuchte Adam und Eva im Garten. Er gab ihnen nur ein einziges Verbot: „Seht ihr den Baum dort in der Mitte des Gartens?", fragte er. „Das ist der Baum der Erkenntnis. Die Früchte dieses Baumes dürft ihr niemals essen. Wenn ihr es trotzdem tut, werdet ihr sterben."

Im Garten lebte auch eine Schlange. Sie kroch zu Eva hin und zischelte: „Warum pflückt ihr die Früchte von diesem Baum in der Mitte des Gartens nicht, sie sind doch reif?"

Eva antwortete: „Gott hat uns verboten, davon zu essen. Wenn wir es trotzdem tun, werden wir sterben." „Unsinn", erwiderte die Schlange. „Gott will die besten Früchte doch nur für sich alleine behalten."

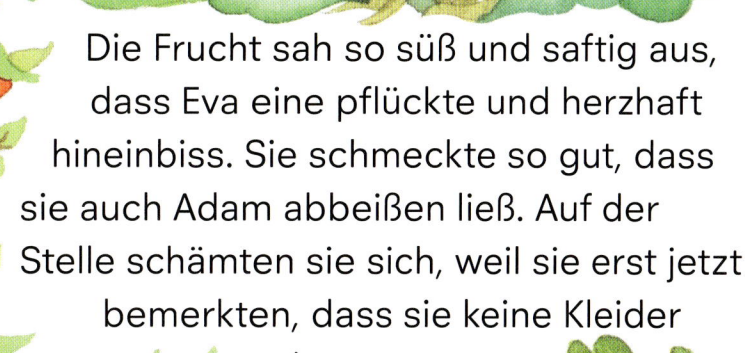

Die Frucht sah so süß und saftig aus,
dass Eva eine pflückte und herzhaft
hineinbiss. Sie schmeckte so gut, dass
sie auch Adam abbeißen ließ. Auf der
Stelle schämten sie sich, weil sie erst jetzt
bemerkten, dass sie keine Kleider
anhatten.

Als Gott erfuhr, dass Adam und Eva von
der verbotenen Frucht gegessen hatten,
überkam ihn eine Traurigkeit, die so
mächtig wie die ganze Welt war.

Er gab Adam und Eva Kleider und
schickte sie weg. Er verbot ihnen,
den Garten Eden jemals wieder-
sehen zu dürfen. Zur Sicherheit
stellte er einen Engel mit einem
glühenden Schwert an das Tor des
Gartens. All dies war nur deshalb geschehen,
weil sie das einzige Verbot gebrochen hatten,
das Gott ihnen gegeben hatte.

Noachs Arche

Viele Jahrhunderte nach der Zeit von Adam und Eva war die Welt voll schlechter Menschen. Gott sah, dass es nur noch eine gute Familie auf der Erde gab. Es waren Noach, seine Frau und ihre drei Söhne Sem, Harn und Jafet.

Gott sagte zu Noach: „Ich werde eine große Flut schicken, um die Erde rein zu waschen. Alle werden ertrinken, außer dir und deiner Familie. Du musst ein großes Schiff bauen. Es muss genügend Platz für die Tiere geben." „Tiere?", wunderte sich Noach. „Ja", sagte Gott. „Zwei von jeder Art, ein Männchen und ein Weibchen, auch von den Vögeln und von allen Tieren, die kriechen und krabbeln – sogar von den Schlangen."

Gott beschrieb Noach genau, wie er das Schiff bauen sollte, das Arche genannt wurde. Alle Mitglieder von Noachs Familie halfen, weil sie mit auf die Arche kommen sollten. Dann bestrichen sie die aus Holz gebaute Arche mit zähem Teer, damit kein Wasser eindringen konnte.

Die Nachbarn hielten Noach für verrückt. „Ein Schiff!", lachten sie ihn aus. „Hast du noch nicht bemerkt, dass es weit und breit kein Meer gibt?" Aber Noach ließ sich nicht beirren und baute weiter.

Sobald die Arche fertig war, holte Noach die Liste mit den Tieren. Seine Familie war seit Wochen damit beschäftigt gewesen, sie zu suchen und herbeizuholen. In Zweierreihen bestiegen die Tiere die Arche.

Die Bären trotteten, die Giraffen neigten ihre Köpfe und die Schlangen glitten hinter ihnen her.

Die Elefanten waren schrecklich langsam, die Löwen mit ihren großen Pranken folgten ihnen. Die flinken Schimpansen überholten die gemächlichen Krokodile und die hüpfenden Kängurus.

Bald wimmelte es auf der Arche von Tieren.
Das Schiff war mit Heu, mit Hafer und auch mit
Vorräten für die Familie schwer beladen. Schon wurde der
Himmel immer dunkler. „Beeilt euch!", rief Noach den watschelnden
Pinguinen zu. Als schließlich auch die Schildkröten über den Steg
gekrochen waren, fielen schon die ersten Regentropfen.

Es war, als würde Gott Wasser aus dem Himmel schütten.
Der Regen stürzte vom Himmel und hatte bald die Täler gefüllt.
Der Donner grollte und helle Blitze zerteilten den Himmel.

40 Tage und 40 Nächte lang trommelte der Regen auf das Dach der
Arche. Eines Morgens war es plötzlich ganz still. Es hatte aufgehört
zu regnen und die Sonne schien wieder.

Die Menschen, die Noach ausgelacht hatten, versuchten den Wasser-
massen zu entkommen. Aber nur die Arche wurde vom wirbelnden
Wasser getragen und stieg bis über die Berggipfel hinaus.

Die Arche trieb noch einige Monate lang dahin, bis sie auf einige
Felsbrocken auflief. Langsam ging das Wasser zurück und Noach sah,
dass die Arche auf einem Gipfel im Gebirge Ararat aufgesetzt hatte.

Wie sehr sich die Tiere auf die Freiheit freuten! Aber Noach wollte zuerst prüfen, ob es draußen auch wirklich sicher war. Deshalb schickte er dreimal eine Taube hinaus.

Beim ersten Mal flog die Taube direkt zurück. Beim zweiten Mal brachte sie einen frischen Olivenzweig im Schnabel. Beim dritten Mal kam sie überhaupt nicht mehr zurück. Sie hatte einen fruchtbaren Ort gefunden, an dem sie leben konnte. Also klappte Noach den Steg heraus und die Tiere zogen aus der Arche.

Als die Vögel davonflogen, sah Noach einen wunderschönen Bogen am Himmel, der in den verschiedensten Farben glühte. Es war der erste Regenbogen. Gott versprach, dass er das Leben auf der Erde nie mehr vernichten würde – der Regenbogen sollte ihn an sein Versprechen erinnern.

Abraham und seine Familie

Nach der Flut wurde Noachs Familie immer größer. Alle Menschen auf der Erde stammten von Noach und dessen Frau ab. Einer von ihnen hatte eine ganz besondere Beziehung zu Gott. Der Name dieses Mannes war Abraham und seine Frau hieß Sara.

Eines Tages rief Gott Abraham zu sich und sagte ihm, dass er der Vater eines großen neuen Stammes werde, wenn er dorthin ginge, wohin Gott ihn führte.

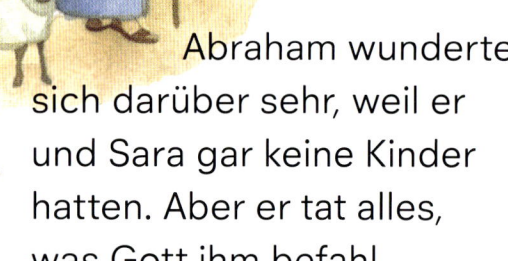

Abraham wunderte sich darüber sehr, weil er und Sara gar keine Kinder hatten. Aber er tat alles, was Gott ihm befahl.

Abraham versammelte alle und machte sich mit Sara und seinem Neffen Lot auf den Weg nach Kanaan. Als sie ihr Ziel fast erreicht hatten, beschlossen Lot und seine Leute, nach Osten weiterzugehen ...

... und Abraham und Sara gingen weiter nach Westen.

Gott sprach nochmals mit Abraham und sagte ihm, dass das ganze Land, das er um sich herum sah, ihm und seiner Familie gehören sollte. Außerdem versprach er, dass Sara bald einen Sohn bekommen würde. „Deine Familie wird so zahlreich werden wie die Sterne am Himmel", versprach er ihm. Abraham konnte es nicht fassen. War Sara nicht schon viel zu alt, um noch ein Kind zu bekommen?

Auch Sara war sehr erstaunt, dass sie nun doch noch ein Kind bekam. Sie nannten ihren Sohn Isaak.

Aber als Isaak noch ein kleiner Junge war, beschloss Gott, Abraham auf eine furchtbare Probe zu stellen. Er wollte prüfen, wie sehr Abraham ihn liebte. Gott befahl ihm, Isaak auf einen hohen Berg zu bringen und ihn zu töten. Abraham war entsetzt, aber er erzählte Sara kein Wort von dem, was Gott von ihm verlangte.

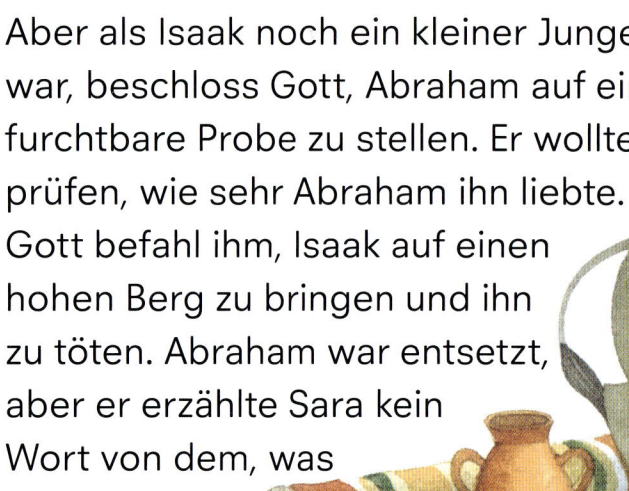

Er belud gemeinsam mit Isaak einen Esel und tat so, als wollte er ein Picknick mit seinem Sohn machen.

Isaak trug das Holz und sie begannen den Aufstieg auf den Berg.

Als sie ganz oben angelangt waren, baute Abraham
einen Altar und stapelte das Holz darauf.
Isaak glaubte, dass sein Vater nun ein Lamm
schlachten und opfern werde. „Vater, wo ist
das Lamm?", fragte Isaak deshalb. „Gott
wird für das Lamm sorgen", antwortete Abraham, aber er konnte
vor Tränen kaum
sprechen.

Dann legte er Isaak auf den Altar und zog sein
Messer heraus. Der Junge war starr vor Angst.
Plötzlich rief ein Engel ganz laut:
„Halt! Jetzt weiß Gott,
wie sehr du ihn liebst.
Du warst bereit,
ihm deinen einzigen
Sohn zu geben." Als
Abraham aufblickte, sah er einen
Widder im Gestrüpp, und er
tötete ihn anstelle seines
Sohnes. Abraham hatte
die Prüfung bestanden.
Er umarmte Isaak ganz
fest und nahm ihn dann
wieder mit nach Hause.

Josef und sein bunter Mantel

Als Isaak erwachsen war, heiratete er Rebekka. Sie nannten ihre Söhne Esau und Jakob. Jakob, auch Israel genannt, ließ sich in Kanaan nieder. Seine zwölf Söhne hießen ...

Ruben und Simeon, dann Levi und Juda, Issachar und Sebulon, Gad

und Ascher, Dan und Naftali, und schließlich Josef und Benjamin.

Josef und Benjamin waren Jakobs Lieblingssöhne, doch Josef hatte er von allen am liebsten.

Eines Tages erzählte Josef seinen Brüdern von einem Traum, den er in der Nacht gehabt hatte. In diesem Traum banden die Geschwister auf dem Feld Getreide, und da verneigten ...

... sich die Getreidegarben der Brüder vor Josefs Garbe.

Über diesen Traum ärgerten sich Josefs Brüder sehr. „Was bildet er sich eigentlich ein, wer er ist?", grollten sie.

Jakob hatte Josef einen wunderschönen Mantel in den Farben des
Regenbogens geschenkt, und das
machte die Brüder nur noch
eifersüchtiger. Sie hassten
Josef so sehr, dass einige
ihm etwas antun
wollten.

Als sie eines Tages auf dem Feld arbei-
teten, packten sie Josef und rissen ihm
seinen schönen bunten Mantel
herunter. Sie wollten
Josef töten und seine
Leiche in einen
Brunnen werfen.

Aber Ruben war mit diesem Plan nicht einverstanden und schlug vor: „Wir wollen ihn einfach nur in den Brunnen werfen." Ruben hatte insgeheim vor, später zurückzukommen und Josef zu retten.

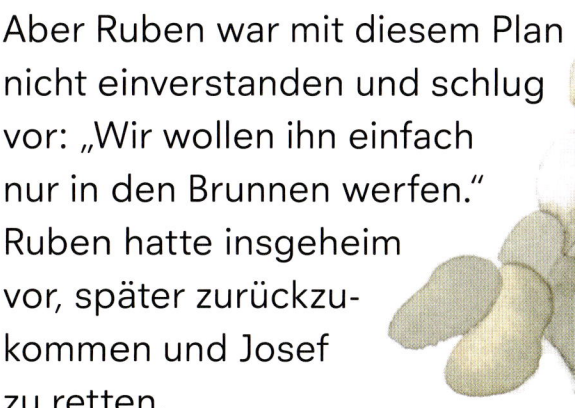

Aber als Ruben später auf dem Feld arbeitete, verkauften die anderen Brüder Josef an einige Händler, die sich auf der Reise nach Ägypten befanden.

Dann beschmierten die Brüder den Regenbogenmantel mit Ziegenblut und erzählten Jakob, dass sein Lieblingssohn von einem wilden Tier gefressen worden sei.

Als die Händler in Ägypten ange-
langt waren, verkauften sie Josef
an einen Hofbeamten des Pharao.
Josef arbeitete dort
hart und nach einigen
Jahren ernannte der
Pharao ihn zum
Verwalter seines
Hauses.

Eines Tages hatte der Pharao
einen Albtraum, den niemand
deuten konnte. Josef selbst
träumte oft merkwürdige
Dinge und verstand
sich darauf, Träume
zu deuten. Deshalb
bestellte der Pharao
ihn zu sich.

Im Traum des Pharao stiegen sieben fette Kühe aus dem Fluss, um zu grasen.

Daraufhin kamen sieben magere Kühe aus dem Wasser und sie fraßen die fetten Kühe alle auf. Trotzdem wurden die mageren Kühe überhaupt nicht fetter.

Josef erklärte dem Pharao, was sein Traum bedeutete: Ägypten würde 7 Jahre lang gute Ernten haben, und darauf würden 7 Jahre der Hungersnot folgen.

Der Pharao beauftragte Josef den Bau von Getreidespeichern zu beaufsichtigen. Darin sollte das zusätzliche Getreide für die schlechten Jahre gelagert werden. Dann geschah alles genau so, wie Josef es vorausgesagt hatte.

Einige Jahre später, als die Hungersnot noch herrschte, kamen elf Besucher aus Kanaan um Getreide zu kaufen. Es waren Josefs Brüder. Er erkannte sie sofort, während seine Brüder keine Ahnung hatten, wer dieser mächtige Ägypter war. Josef wollte seine Brüder auf die Probe stellen um zu sehen, ob sie sich gebessert hatten.

Er gab ihnen so viel Getreide mit, wie sie tragen konnten. Aber in Benjamins Getreidesack versteckte er seinen silbernen Becher.

Die Brüder machten sich wieder auf die Heimreise. Sie waren nicht weit gekommen, als Josefs Wachen sie einholten und den Becher in Benjamins Sack fanden.

Nun wurden die Brüder eingesperrt und Josef vorgeführt. Er tat so, als wäre er sehr zornig. „Ihr könnt meinetwegen wieder gehen", sagte er. „Aber derjenige, der meinen Becher gestohlen hat, muss hierbleiben und mein Sklave werden."

Die anderen Brüder waren entsetzt. Ihr Vater hatte schon einen seiner Lieblingssöhne verloren – wenn sie jetzt auch noch ohne Benjamin zurückkehrten, würde ihm das Herz brechen. „Bitte nimm einen von uns", flehten sie ihn an.

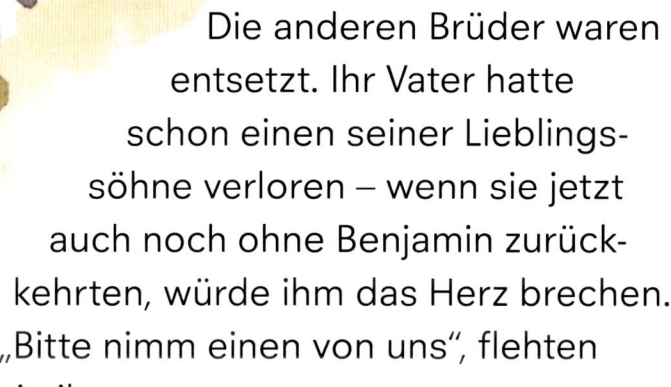

Da wusste Josef, dass sie sich wirklich verändert hatten. Er sagte ihnen, wer er in Wirklichkeit war, und bat sie, Jakob nach Ägypten zu bringen.

Mose im Binsenkörbchen

Jakobs Familie, deren Mitglieder Israeliten genannt wurden, wuchs immer mehr. Lange nachdem Josef und seine Brüder schon gestorben waren, lebte eine große Zahl von ihnen in Ägypten. Dem neuen Pharao gefiel es jedoch nicht, dass in seinem Land so viele Israeliten lebten.

Zuerst ließ er sie als Sklaven arbeiten. Dann befahl er, dass alle männlichen Neugeborenen der Israelitinnen getötet werden sollten.

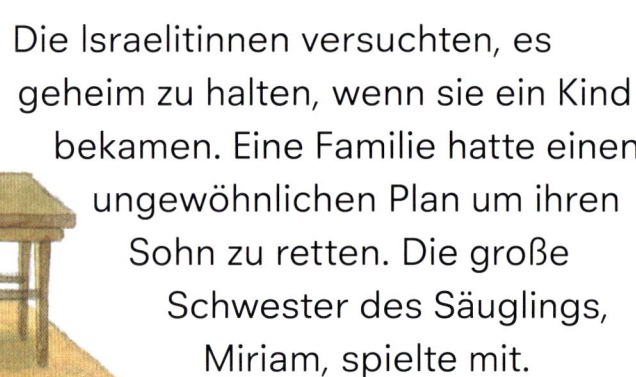

Die Israelitinnen versuchten, es geheim zu halten, wenn sie ein Kind bekamen. Eine Familie hatte einen ungewöhnlichen Plan um ihren Sohn zu retten. Die große Schwester des Säuglings, Miriam, spielte mit.

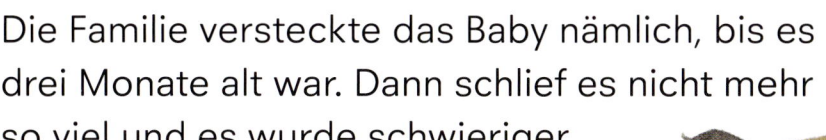

Die Familie versteckte das Baby nämlich, bis es drei Monate alt war. Dann schlief es nicht mehr so viel und es wurde schwieriger, seine Geburt geheim zu halten. Deshalb flocht die Mutter ein Körbchen aus getrocknetem Schilfgras und Miriam half ihr dabei.

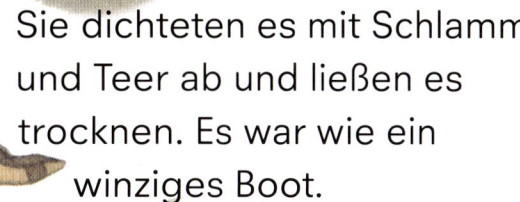

Sie dichteten es mit Schlamm und Teer ab und ließen es trocknen. Es war wie ein winziges Boot.

Die Mutter bettete ihr Kind in das kleine Körbchen und trug es an den Fluss. Dort ließ sie das Körbchen sanft ins Wasser gleiten, wo es zwischen Gebüsch und Schilf dahintrieb.

Die Tochter des Pharao kam an den Fluss, weil sie wie jeden Tag zu dieser Zeit dort baden wollte. „Was ist denn da im Schilf?", fragte sie. „Das sieht aus wie ein Korb."

Eine ihrer Dienerinnen holte den Korb aus dem Schilf und brachte ihn ihr. „Da ist ein Baby drin!", rief die Prinzessin. „Das muss eines der israelitischen Kinder sein. Ich werde ihn retten und er soll mein Sohn sein."

Währenddessen hatte sich Miriam im Schilf versteckt, um zu beobachten, was mit ihrem kleinen Bruder geschah. Nun kam sie heraus und sagte: „Ihre Hoheit! Ich kenne eine israelitische Frau, die sich um das Baby kümmern und es stillen könnte."

„Einverstanden", antwortete die Prinzessin. „Das Baby braucht ja Milch."

So konnte die Mutter sich um ihr Kind kümmern, bis es groß genug war, um im Palast bei der Familie des Pharao zu leben.

Die Prinzessin nannte das Baby Mose, denn das bedeutet „aus dem Wasser gezogen".

Daniel in der Löwengrube

Nach langer Zeit gelang es den Israeliten schließlich aus Ägypten zu fliehen. Aber viele Jahre später wurden sie wieder zu Sklaven gemacht, dieses Mal von den Königen von Babylon. Einer der Israeliten, der noch Vertrauen zu Gott hatte, war Daniel.

Daniel war so ehrlich und klug, dass der König Darius ihn zum mächtigsten Mann im Reich nach ihm selbst machte. Alle anderen Politiker waren deshalb sehr neidisch auf ihn.

Sie überredeten König Darius zu einem Gesetz, das besagte, dass niemand zu einem anderen als zum König beten dürfe. Sonst sollte er den Löwen zum Fraß vorgeworfen werden.

Aber Daniel betete weiter zu Gott, so wie er es schon immer getan hatte. Jeder konnte ihn dabei sehen.

„Daniel betet zu Gott", erzählten die eifersüchtigen Politiker dem König Darius. „Er hat dein Gesetz gebrochen. Also musst du ihn den Löwen zum Fraß vorwerfen."

Darius war sehr traurig darüber. Er mochte Daniel sehr, aber dieser hatte das Gesetz gebrochen.

Er befahl, dass Daniel in die Löwengrube geworfen wurde.

41

Am nächsten Morgen ging der König traurig zu den Löwen und wagte gar nicht zu hoffen, dass Daniel vielleicht gerettet worden war.

„Daniel! Hat dein Gott dich vor den Löwen beschützt?"

„Hier bin ich. Ein Engel Gottes hat mich beschützt."

Sofort befahl der König, dass Daniel aus der Löwengrube herausgeholt wurde. Er ließ statt dessen die Politiker hineinwerfen. Die Löwen stürzten sich gierig auf sie und ließen nur noch ihre Knochen übrig.

Und Darius befahl seinem Volk, den Gott zu achten, den Daniel anbetete.

Jona und der große Fisch

Gott blickte über die Erde und stellte fest, dass dort viele schlechte Dinge geschahen. Er sah, dass die Bewohner von Ninive sehr böse und gemein waren. Er bat einen israelitischen Lehrer namens Jona, zu ihnen zu gehen und mit ihnen zu reden.

Aber Jona gefiel dieser Befehl gar nicht. Er hatte keine Lust, nach Ninive zu gehen.

Deshalb rannte er vor Gott weg und bestieg ein Schiff, das genau in die entgegengesetzte Richtung segelte, nach Tarschisch.

Gott wusste, dass Jona sich auf diesem Schiff befand und er schickte einen heftigen Sturm. Die Matrosen bekamen große Angst.

Als Jona erkannte, was geschah, sagte er den Matrosen, dass er an diesem Sturm schuld sei. „Ich habe Gott nicht gehorcht", erklärte er. „Ihr werft mich am besten über Bord."

Die Matrosen weigerten sich zunächst, aber Jona bestand so lange darauf, bis sie ihn ins Wasser warfen. Sofort legte sich der Wind und die See wurde ganz ruhig.

Jona fiel ins Wasser und war ganz sicher,
dass er ertrinken würde. Da kam
plötzlich ein riesiger Fisch und öffnete
sein Maul. Jona wurde tiefer ...

... und tiefer und tiefer

die Dunkelheit ...

in einem Strudel durch

hinabgezogen. Er purzelte und wirbelte herum und stürzte

... bis er schließlich im Bauch des Fisches landete.

Er fiel auf die Knie und dankte Gott dafür, dass er ihn vor dem Ertrinken gerettet hatte.

Nach drei Tagen und Nächten glaubte Gott, dass Jona seine Lektion gelernt hatte. Er ließ den großen Fisch ans Ufer schwimmen ...

... und dort spuckte er Jona aus. „Nun, wie sieht es aus?", fragte Gott. „Gehst du jetzt nach Ninive?"

So legte Jona den ganzen Weg nach Ninive zu Fuß zurück.

Er warnte die Einwohner, dass Gott ihre Stadt zerstören werde, wenn sie weiterhin so böse wären.

Da tat es allen leid, dass sie so schlecht gewesen waren, selbst dem König. Sie versprachen, sich von nun an zu bessern. So brauchte Gott die Stadt nun doch nicht zu zerstören. Er war froh darüber, dass er ihnen verzeihen konnte.

Das Neue

Testament

Das erste Weihnachtsfest

Zu der Zeit, als Herodes der König von Judäa war, wohnte eine gute, reine junge Frau in der Stadt Nazaret in Galiläa. Sie hieß Maria und war mit einem Mann namens Josef verlobt.

Eines Tages kam ein Engel zu Maria und sagte ihr, dass sie ein Kind bekommen werde. „Aber wie ist das möglich?", fragte Maria. „Ich bin doch noch gar nicht verheiratet."

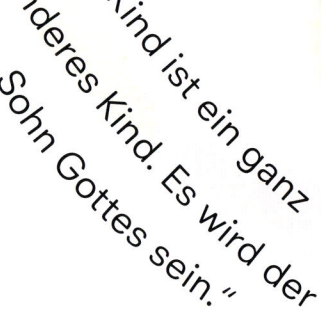

„Dieses Kind ist ein ganz besonderes Kind. Es wird der Sohn Gottes sein."

Maria verstand das nicht, aber sie war mit allem einverstanden, was Gott von ihr verlangte.

Nach ihrer Hochzeit mussten Josef und Maria nach Betlehem reisen. Maria sollte bald ihr Baby bekommen.

Sie suchten über-all ein Zimmer um zu übernachten, aber in der gan-zen Stadt wimmelte es von Menschen. Die Herbergen waren schon längst voll.

Schließlich hatte ein Herbergsbesitzer Mit-leid, als er sah, wie müde Maria war. „Ihr könnt in meinem Stall schlafen", bot er ihnen an.

So wurde der Sohn Gottes in
einem Stall geboren, in dem
Kühe und Esel schliefen.

Maria wickelte den Säugling, der
Jesus hieß, in Leinentücher
und legte ihn in eine
Krippe, die mit frischem
Heu gefüllt war.

Auf den Hügeln vor Betlehem hüteten einige Hirten ihre Schafe. Sie saßen zusammen und dösten vor sich hin, als plötzlich der Himmel erleuchtet wurde und ein Engel erschien.

„Habt keine Angst, ich bringe euch gute Nachrichten! in einem Stall in Betlehem wurde ein Kind geboren, das die ganze Welt retten wird."

Die Hirten waren erstaunt. „Ein Retter?" fragten sie. „In einem Stall?" Sie beschlossen hinzugehen, um dieses Wunder mit eigenen Augen bestaunen zu können.

So trieben sie ihre Schafherden
hinunter nach Betlehem ...

... bis vor den Stall, in dem Jesus lag.
Später erzählten sie jedem, den sie
sahen, von den wunderbaren Dingen,
die sie gehört und gesehen hatten.

Maria vergaß niemals diese Nacht
und dachte oft darüber nach.

Die Heiligen Drei Könige

Als Jesus geboren wurde, erschien ein neuer Stern am Himmel. Drei Sterndeuter aus dem Morgenland wussten sofort, dass ein König geboren worden war.

Die Sterndeuter folgten dem Stern, der sie nach Jerusalem führte. Sie gingen direkt in den Palast von Herodes und fragten: „Wo ist der neue König?" Herodes war darüber sehr wütend, doch vor seinen Besuchern tat er so, als freute er sich.

„Er ist nicht hier", sagte er. „Aber wenn ihr ihn findet, dann sagt es mir."

Nun führte der Stern die drei Sterndeuter von Jerusalem nach Betlehem und blieb über dem Stall stehen.

Die drei Weisen gingen hinein und beteten Jesus an. Dann überreichten sie ihre Geschenke: Gold, Weihrauch und Myrrhe.

Später schickte Gott den Sterndeutern einen Traum, in dem er sie davor warnte, zu Herodes zurückzukehren. Deshalb wählten sie einen anderen Weg für die Heimreise.

Auch Josef hatte einen Traum, in dem ihm ein Engel erschien.

„Ihr seid in Gefahr! Nimm Maria und Jesus und geht nach Ägypten!"

Deshalb nahmen Josef und Maria ihr neugeborenes Kind und verließen den Stall mitten in der Nacht.

Sie machten sich auf den Weg nach Ägypten und niemand wusste, wohin sie gegangen waren.

Herodes wartete immer noch auf die Sterndeuter, die jedoch nicht zurückkehrten. Er wurde sehr zornig. Schließlich war er der König, und nicht dieser Säugling.

Er befahl seinen Soldaten, alle männlichen Neugeborenen in Betlehem zu töten, so wie der Pharao es mit dem israelitischen Kindern zur Zeit Moses in Ägypten getan hatte. Jesus war gerade noch rechtzeitig entkommen.

Aber schließlich starb der böse König und Maria und Josef konnten mit Jesus wieder aus Ägypten zurückkehren.

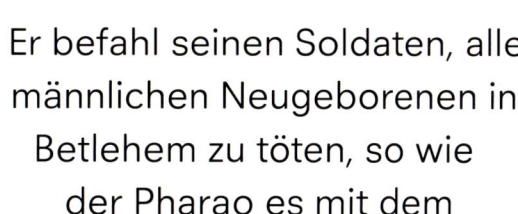

Der 12-jährige Jesus im Tempel

Jesus wuchs unbeschwert in Nazaret auf. Sein Vater Josef war Zimmermann und schreinerte in seiner Werkstatt Möbel.

Als Jesus größer wurde, durfte er ihm in seiner Werkstatt helfen.

Eines Tages, als Jesus zwölf Jahre alt war, nahmen ihn seine Eltern mit nach Jersualem, weil sie dort das Paschafest feiern wollten.

Als das Fest vorbei war, machten sich Maria und Josef wieder auf die lange Heimreise nach Nazaret.

Sie waren gemeinsam mit vielen Freunden und Verwandten unterwegs, so dass sie erst abends bemerkten, dass Jesus nicht mit dabei war. Sie hatten ihn verloren!

Schreckerfüllt machten sich Maria und Josef wieder auf den Weg nach Jerusalem. Sie suchten Jesus drei ganze Tage lang. Schließlich gingen sie voller Trauer in den Tempel ...

... und dort fanden sie ihren Sohn!

Der Junge saß mit den ältesten, weisesten Menschen zusammen und hörte ihnen nicht nur zu, sondern stellte ihnen auch Fragen. Und auch sie stellten Jesus Fragen, so als wäre er ebenfalls ein weiser alter Mann.

Maria und Josef stürzten auf ihn zu.

„Was hast du getan? Wir haben uns solche Sorgen um dich gemacht! Wir dachten, wir hätten dich verloren."

„Ihr hättet euch keine Sorgen machen müssen. Ich bin im Haus meines Vaters."

Maria und Josef verstanden nicht genau, was Jesus gesagt hatte. Meistens war er ja ein ganz gewöhnlicher Junge. Aber Maria vergaß nie, dass er etwas Besonderes war.

5000 hungrige Menschen

Als Jesus erwachsen war, verließ er seine Familie und reiste durch das ganze Land, um den Menschen von Gott zu erzählen.

Er suchte sich einige Begleiter. Sie wurden seine Jünger genannt.

Eines Tages predigte Jesus an einem einsamen Ort weit weg von jeder Stadt.

Eine riesige Menge versammelte sich, um ihm zuzuhören und im Lauf des Tages kamen immer mehr dazu.

Am Abend waren ungefähr 5000 Menschen
da und niemand hatte mehr etwas
Essbares dabei.

„Es ist Zeit die Menschen weg-
zuschicken", sagten die
Jünger. „Sie brauchen
etwas zu essen."

„Fragt, ob jemand von ihnen noch etwas hat", bat Jesus.

Nachdem sie lange
gesucht hatten, fanden
die Jünger einen kleinen
Jungen, der gerade erst
angekommen war und
seinen Proviant noch hatte. Sie
brachten ihn zu Jesus. „Dies ist alles,
was wir finden konnten", berichteten sie ihm.

Gott segnete das Essen und befahl den Jüngern es auszuteilen.

Sie blickten in den Korb und sahen ...

zwei kleine Fische

und fünf Laibe Gerstenbrot.

Es sah nicht so aus, als könnten sie damit 5000 Menschen satt bekommen. Aber die Jünger taten, was Jesus ihnen befohlen hatte.

Und etwas Erstaunliches geschah. Als alle Menschen schon so viel gegessen hatten, wie sie wollten, waren nicht ein Korb, und auch nicht zwei, sondern ...

eins, zwei, drei,

vier, fünf, sechs,

sieben, acht, neun,

zehn, elf, zwölf Körbe übrig geblieben!

Stellt euch vor, wie sich der kleine Junge fühlte! Alle redeten aufgeregt über das Wunder, das Jesus bewirkt hatte.

Das letzte Abendmahl

Jesus erzählte weiter von Gott. Darüber ärgerten sich einige mächtige Menschen. Sie schmiedeten Pläne gegen Jesus, um ihn loszuwerden. Eines Tages ging Jesus mit den Jüngern nach Jerusalem.

Als alle am Tisch saßen, segnete Jesus das Brot und den Wein.

Er reichte den Jüngern das Brot und den Wein und sagte: „Das ist mein Fleisch und mein Blut, das für euch hingegeben wird. Erinnert euch an mich."

Nicht jeder freute sich darüber, Jesus zu sehen.

Einige der Jünger gingen voraus und fanden einen Raum, in dem sie das Paschamahl gemeinsam einnehmen konnten.

Während des Essens schlich sich Judas heimlich vom Tisch.

Jesus wusste, dass Judas, einer seiner zwölf Jünger, ihn an die Menschen verraten würde, die ihn hassten.

Jesus wusste, dass man ihn bald töten würde und ging in einen nahe gelegenen Garten um zu beten. Seine Jünger schliefen jedoch ein.

Später kam Judas und küsste Jesus. Das war das vereinbarte Zeichen für die Soldaten, die Jesus verhafteten. Die Jünger rannten weg.

Jesus wurde zu Pontius Pilatus, dem Herrscher über Judäa, geführt. „Bist du der König der Juden?", fragte Pilatus. „Ja, das bin ich", erwiderte Jesus.

Pilatus sagte: „Dieser Mann hat nichts Falsches getan. Er darf nicht sterben." Aber die Menge rief laut:

„Kreuzige ihn!"

Pilatus wollte nicht die Schuld am Tod Jesu tragen, aber er musste sich dem Willen des Volkes beugen. Jesus sollte getötet werden.

Das erste Osterfest

Die Soldaten setzten Jesus eine Dornenkrone auf und zwangen ihn, ein Holzkreuz bis zu einem Hügel vor der Stadt zu tragen. Auf das Kreuz schrieben sie: KÖNIG DER JUDEN.

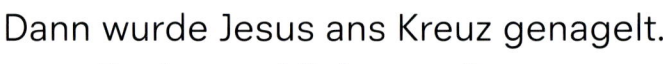

Dann wurde Jesus ans Kreuz genagelt. Rechts und links von ihm wurden auch zwei Diebe gekreuzigt.

Maria, die Mutter von Jesus, und sein Jünger Johannes standen am Fuß des Kreuzes. Jesus bat sie, sich umeinander zu kümmern.

In seinem großen Schmerz bat Jesus Gott darum, den Menschen zu vergeben, die seinen Tod geplant hatten. Dann wurde der Himmel pechschwarz und die Erde erbebte.
Jesus stieß einen lauten Schrei aus und starb.

Einer der Soldaten, der alles beobachtet hatte, sagte: „Wahrlich, dieser Mann ist der Sohn Gottes."

Die Freunde von Jesus nahmen den Leichnam vorsichtig vom Kreuz und legten ihn in ein Grab in einem Felsen. Dann rollten sie einen riesigen Stein vor die Öffnung des Felsens.

Am nächsten Tag war Samstag, der Feiertag der Juden. Die Familie und die Freunde von Jesus versteckten sich den ganzen Tag lang vor den Soldaten und weinten, weil Jesus gestorben war.

Am Sonntagmorgen wollten sie das Grab besuchen. Aber der Stein war weggerollt worden und der Leichnam von Jesus war verschwunden.

Maria Magdalena, eine der engsten Freundin-
nen von Jesus, brach in Tränen aus bei dem
Gedanken, dass sein Leichnam gestohlen
worden war. Dann sah sie einen Mann,
den sie für den Gärtner hielt.

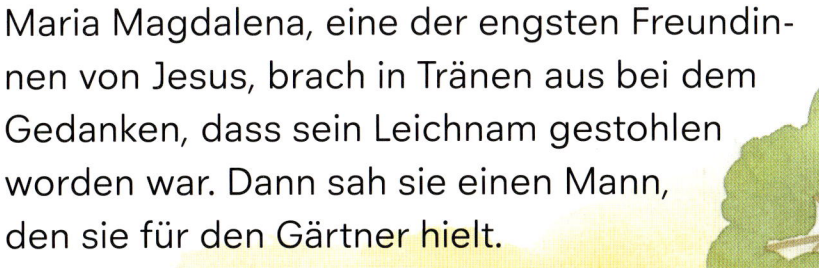

Aber er sagte zu ihr: „Maria", und
sie erkannte die Stimme von
Jesus. Jesus war von den
Toten auferstanden!

Auch die Jünger sahen ihn noch einmal,
bevor er zu seinem Vater im Himmel ging. Sie
erzählten vielen Menschen von Jesus und von
der Liebe Gottes. Jesus starb und war auferstanden, um die Welt zu retten.

Die Personen in den Bibelgeschichten

Hier findest du eine Liste mit den wichtigsten Personen sowie den Seitenzahlen, auf denen von ihnen erzählt wird. Außerdem gibt es einen Verweis, wo du die Geschichten in der Bibel findest.

Das Alte Testament

Adam und Eva 12
Genesis 1–3
Der erste Mann und die erste Frau.

Noach 16
Genesis 6–9
Der einzig gute Mensch zur damaligen Zeit. Gott beschloss eine große Flut zu schicken, um die Welt von ihrer Schlechtigkeit rein zu waschen. Nur Noach, seine Familie und zwei Tiere von jeder Art wurden gerettet.

Sem, Harn und Jafet 16
Genesis 6–9
Sie waren die drei Söhne von Noach.

Abraham 24
Genesis 12–13, 17, 21–22
Ein Nachfahre Noachs, der großes Vertrauen zu Gott hatte. Sein Sohn hieß Isaak.

Sara 24
Genesis 12–13, 17, 21–22
Abrahams Frau. Gott schenkte ihr noch ein Kind, als sie eigentlich schon viel zu alt war.

Isaak 26
Genesis 21–22
Der Sohn Abrahams und Saras.

Lot 25
Genesis 13
Abrahams Neffe.

Rebekka 28
Genesis 25
Isaaks Frau. Sie hatten Zwillingssöhne, die Esau und Jakob hießen.

Jakob 28
Genesis 37, 42–45
Der jüngere Sohn von Isaak und Rebekka. Er hatte zwölf Söhne: Ruben, Simeon, Levi, Juda, Issachar, Sebulon, Gad, Ascher, Dan, Naftali, Josef und Benjamin.

Josef und Benjamin 28

Genesis 37, 39–45
Die beiden jüngsten Söhne von Jakob. Ihre Mutter war Rahel, die Frau, die Jakob am meisten liebte. Josef kümmerte sich immer um seinen kleinen Bruder Benjamin, auch als sie schon längst erwachsen waren.

Pharao 32, 36

Genesis 40–41, Exodus 1
So wurde der Herrscher von Ägypten genannt.

Israeliten 36

Exodus 1
Die Nachfahren Jakobs und seiner Familie.

Miriam 36

Exodus 2
Moses ältere Schwester.

Moses 36

Exodus 2
Ein Israelit. Er wurde als Ägypter erzogen und wurde später der Führer der Israeliten.

Daniel 40

Daniel 6
Ein wichtiger Mann in Babylon, dessen Glauben an Gott auf die Probe gestellt wurde.

Darius 40

Daniel 6
Ein Herrscher in Babylon zu der Zeit, als Daniel lebte. Er war ein gerechter König, der mit einer List dazu gebracht wurde, Daniel in die Löwengrube zu werfen.

Jona 44

Jona 1–4
Ein israelitischer Lehrer und ein sehr widerstrebender Held. Als Gott ihn bat nach Ninive zu gehen, weigerte er sich. Nach einem Abenteuer mit einem großen Fisch überlegte er es sich aber noch einmal.

Das Neue Testament

Maria 52
Matthäus 1–2, Lukas 1–2
Die Mutter von Jesus. Sie war ein junges Mädchen in Nazaret, als ein Engel ihr sagte, dass ihr Kind der Sohn Gottes sein werde.

Josef 52
Matthäus 1–2, Lukas 1–2
Ein Zimmermann aus Nazaret, der Maria heiratete.

Jesus Christus 54
Das Neue Testament
Der Sohn Gottes. Gott liebte die Welt so sehr, dass er seinen Sohn Jesus schickte, damit er allen Menschen von Gott erzählte. Das ganze Neue Testament handelt von Jesus. Er lehrte die Menschen viel über die Liebe Gottes und vollbrachte viele Wunder. Böse Menschen ließen ihn töten, aber er stand von den Toten wieder auf. Die christliche Kirche wurde gegründet, um seine Botschaft zu verbreiten.

Die Heiligen Drei Könige 58
Matthäus 2
Manchmal werden sie auch die Weisen aus dem Morgenland genannt. Sie kamen aus dem Osten und waren Sterndeuter. Ein neuer Stern führte sie zu Jesus.

Herodes 58
Matthäus 2
König von Judäa. Er ließ alle männlichen Säuglinge in Betlehem töten, als er erfuhr, dass ein neuer König, Jesus, geboren war.

Jünger 66
Matthäus 14,26; Markus 6,14; Lukas 9,22; Johannes 6,13
Jesus hatte zwölf Anhänger, die Jünger genannt wurden: Simon Petrus, Andreas, Jakobus, Johannes, Phillipus, Thomas, Bartholomäus, Matthäus, Jakobus, Thäddäus, Simon und Judas Iskariot.

Judas Iskariot 71
Matthäus 26, Markus 14, Lukas 22, Johannes 13,18
Der Jünger, der Jesus verriet.

Johannes 74
Johannes 19
Der Jünger, der Jesus am nächsten stand.

Pontius Pilatus 73
Matthäus 27, Markus 15, Lukas 23, Johannes 18–19
Röm. Statthalter in Judäa.

Maria Magdalena 77
Markus 16, Johannes 20
Eine Freundin von Jesus. Sie sah ihn nach seiner Auferstehung als Erste.